COCINA
PARA UNO

EDIMAT Libros
www.edimat.es

Contenido

Introducción

Cocinar para uno mismo debería ser agradable y relajante. La vida puede ser estresante y agitada, así que tomarse algún tiempo para elaborar un plato favorito, servirlo atractivamente, y cocinarlo justo como a uno le gusta, es un verdadero placer. Es también más satisfactorio y nutritivamente beneficioso, que hacer uso, demasiado a menudo, de platos precocinados.

Si vive solo, tiene una rutina diaria distinta de otros miembros de la familia, o simplemente prefiere comidas distintas, las recetas de este libro le darán mucha inspiración. Hay ideas para todos los platos, que van desde comidas sustanciosas a cenas ligeras y aperitivos, como también sopas caseras, platos principales vegetarianos que llenan mucho y postres que se deshacen en la boca. Y todo el duro trabajo de calcular raciones individuales ya está hecho, no habrá sobras de ingredientes ni de comida ya cocinada.

Una introducción útil le da consejos para una dieta sana, específicamente con la idea de una única persona en mente, cómo comprar para uno, almacenar la comida y cómo aprovechar al máximo el microondas y el congelador. Los consejos a lo largo del libro le darán más ideas.

Es sorprendentemente fácil cocinar para uno, así que siga adelante y disfrute de lo que más le gusta de cada comida.

Nutrición básica

Una dieta saludable es aquélla que es variada, de forma que los cuatro grupos de alimentos, así como las vitaminas y minerales esenciales, están incluidos.

Alimentos con fécula

El pan, los cereales, la pasta, las patatas y el arroz, proporcionan carbohidratos complejos, que alimentan al cuerpo lentamente sin provocar una subida repentina de glucosa. Este grupo, especialmente los alimentos integrales son una importante fuente de fibra dietética.

Productos lácteos

La leche, el queso, el yogur y la mantequilla proporcionan vitaminas y minerales, pero pueden ser muy ricos en grasas, sobre todo en grasas saturadas, que elevan el nivel de colesterol en la sangre. Tome alimentos de este grupo con moderación y considere cambiar a productos lácteos bajos en grasa.

Proteínas

La carne, el pescado, las legumbres, los frutos secos y los huevos proporcionan muchas vitaminas y minerales, así como

Arriba: Los cereales son la base de una gran variedad de comidas, las cuales nos proporcionan la fécula que necesitamos.

proteínas, pero algunos alimentos también tienen un alto contenido en grasas saturadas. Tome carnes rojas moderadamente. El pescado es rico en grasas poliinsaturadas, que pueden bajar el nivel de colesterol. Si pela el pollo antes de cocinarlo, quite casi toda la grasa. Las legumbres y los frutos secos son una excelente fuente de proteínas. Tome los huevos con moderación.

Verduras y Frutas

Algunas autoridades recomiendan comer cinco raciones de este grupo al día, porque ayuda a prevenir el cáncer. La fruta y verduras crudas son muy nutritivas y aportan carbohidratos, minerales y vitaminas.

Comprar y almacenar alimentos

Una cocina bien surtida hace más fácil la preparación de las comidas y la clave es la planificación. Planifique sus menús para los próximos días o incluso para la semana siguiente y haga una lista de la compra que incluya alimentos frescos y alimentos que se están agotando o próximos a caducar.

Los alimentos perecederos, como la mantequilla, la leche, el queso, la carne y el pescado, deberían guardarse en la nevera. Tape los alimentos o pongalos en contenedores de plástico rígidos. Esto conserva los sabores y la humedad y evita que se transmitan los olores de los alimentos fuertes. La carne y las aves crudas deberían envolverse y ponerse donde las gotas no puedan contaminar otros alimentos. Guarde las frutas y verduras perecederas en el cajón de las verduras a una temperatura de entre 1-5 °C/34-41 °F.

Los tubérculos, como zanahorias, patatas y cebollas, se mantienen mejor en un lugar fresco, seco y oscuro, preferiblemente en una rejilla donde el aire pueda circular. No los guarde en bolsas de plástico.

El congelador

Un congelador pequeño puede ser inestimable para guardar tanto sobras como alimentos frescos. Las ofertas especiales de los supermercados suelen implican comprar más de lo necesario para una comida, como cuatro trozos de pollo. Puede congelar tres de ellos por separado para prepararlos en otras ocasiones, o hacer su plato favorito de pollo y congelar las otras tres raciones. Enfríe las sobras completamente y después páselas al congelador. Guarde los alimentos en contenedores rígidos o envuélvalos en papel de aluminio, dos capas de papel transparente o bolsas de plástico para congelar.

El microondas

El microondas es una forma muy económica de cocinar, porque es muy rápido, mientras que calentar una ración en un horno convencional es más caro. Siga las instrucciones del fabricante, incluyendo el tiempo de cocción, que es parte esencial de la cocina con microondas. Nunca ponga nada de metal en el interior, salvo una parrilla que venga con el horno. Use recipientes aptos para microondas y no tape los platos con papel de aluminio. La mayoría de los guisos y estofados, muchas sopas y platos asados se cocinan bien en el microondas.

El microondas es también ideal para descongelar alimentos, aunque no todos son apropiados. Siga las instrucciones del fabricante y recuerde quitar cualquier papel de aluminio.

Arriba: Las verduras, especialmente crudas, son ricas en vitaminas y fibra.

La despensa

Almacene alimentos con prudencia para tener siempre lo necesario para hacer una comida sabrosa y satisfactoria. Empiece con ingredientes básicos y amplíelos según vaya experimentando, prestando atención a su caducidad.

Legumbres y verduras envasadas

Aunque las verduras frescas son mejores para la mayoría de las comidas, las variedades enlatadas son prácticas, rápidas de usar y se pueden encontran en pequeñas cantidades. Éstas incluyen los corazones de alcachofa para animar rehogados, ensaladas, *risottos* y pizzas, pimientos para dar sabor a guisos y sopas, y granos de maíz para dar color y textura crujiente. Las legumbres en lata no necesitan que se las ponga en remojo ni mucho tiempo de cocción. Los garbanzos, las alubias, las lentejas verdes, las judías blancas y las judías rojas aguantan bien al proceso de enlatado. Lave las legumbres enlatadas en agua fría y escurra bien antes de usarlas.

Arriba: Una despensa bien surtida es esencial para un cocinero ocupado.

Cereales

El arroz es un artículo de primera necesidad en medio mundo y muy útil. Si almacena sólo un tipo, hágalo de arroz *basmati*, que tiene un sabor y fragancia superior. Una mezcla de *basmati* y arroz salvaje resulta bien. La pasta seca se cuece en unos 10 min y combina con casi todo, desde verduras a queso y desde carne a pescado. Los espaguetis y quizás una forma gruesa como los *penne* combinarán con la mayoría de las salsas. Merece la pena almacenar algunos fideos para servir con rehogados y otros platos chinos.

Aceites para cocinar y para ensaladas

El aceite de cacahuete es barato y de sabor soso, por lo que no oculta sabores delicados. Es bueno para cocinar, pero también puede usar aceite vegetal o de girasol. Emplee el aceite de oliva para la mayoría de los usos, excepto para freír con mucha cantidad. La variedad virgen extra es perfecta para las ensaladas. Otros aceites populares son el de sésamo, usado en los platos chinos y asiáticos y el aceite de chile, que añade un picor a rehogados y verduras.

Hierbas y especias

Compre siempre hierbas y especias secas en pequeñas cantidades y guárdelas bien cerradas, ya que se ponen rancias y pierden su sabor con facilidad. Las hierbas secas básicas útiles son las hojas de laurel, la mejorana, orégano, menta, romero y tomillo. Algunas hierbas frescas, como el cilantro se conservan mejor congeladas en bandejas de cubitos de hielo. El pesto es un buen sustituto de la albahaca. Una o dos macetas pequeñas de hierbas, como el perejil y el cebollino, añaden sabor a las comidas y alegran la cocina. Las especias básicas útiles son el polvo chino de cinco especias, el cilantro, el comino, la nuez moscada, y la cúrcuma. Las especias recién molidas tienen más sabor, y la pimienta negra recién molida es de uso obligado.

Otros sabores

Si le gusta la comida china, compre una botella de salsa de soja de buena calidad para los rehogados. La mostaza de Dijon, la salsa de chile y el *tahini* son útiles para muchos platos.

Tomates

Los tomates en lata son típicos en la despensa. Disponibles enteros o triturados, solos o con hierbas, especias o con otros sabores, se pueden añadir a sopas, guisos, estofados y salsas para pasta. El puré de tomate, una pasta de tomate concentrada que se vende en tubos, latas y botes, da un sabor a tomate instantáneo a sus platos. Se puede encontrar también una versión de tomates secos. La *passata* es una salsa espesa hecha de tomates tamizados usada para dar un sabor concentrado a tomate. Los tomates secos se encuentran en bolsas o en botes con aceite. El aceite se puede usar para cocinar platos y aliños de ensalada, dando un sabor más fuerte a tomate.

Arriba: Selección de condimentos, aceites y vinagres para hacer más interesantes sus platos.

9

Sopa fresca de tomate

Servida caliente o fría, esta sopa de sabor refrescante es fácil de preparar.

1 persona

INGREDIENTES
250 g/9 oz de tomates maduros
4 cucharadas de caldo de pollo o verduras
1½ cucharaditas de pasta de tomates secos
1-1½ cucharaditas de vinagre balsámico
una pizca de azúcar extrafino
1 cucharadita de hojas de albahaca frescas
sal y pimienta negra recién molida
hojas de albahaca frescas para adornar
costrones de queso tostado y crema fresca,
    para servir.

1 Sumerja los tomates en agua hirviendo durante 30 s, después refrésquelos en agua fría. Pele la piel y corte los tomates en cuartos. Póngalos en una cacerola grande y vierta el caldo de pollo o verduras.

2 Lleve a ebullición, baja el fuego, tape y cueza a fuego lento durante 10 min, hasta que los tomates se ablanden.

3 Eche la pasta de tomate, el vinagre, el azúcar y la albahaca. Sazone con sal y pimienta, después cueza despacio, removiendo, durante 2 min más.

4 Pase la sopa por una batidora, después vuelva a echarla a la cacerola y vuelva a calentar suavemente. Sirva con uno o dos costrones de queso tostado y una cucharada de crema fresca, adornado con hojas de albahaca.

CONSEJOS: Para hacer costrones de queso, tueste rebanadas de pan francés espolvoreadas con Parmesano.

Sopa de pollo al estilo tailandés

La leche de coco, el jengibre y la lima forman una sopa aromática.

1 persona

INGREDIENTES
1 cucharadita de aceite vegetal
1 chile rojo, pequeño, sin semillas y picado
1 diente de ajo, machacado,1 puerro pequeño,
   en rodajas
⅔ de taza de caldo de pollo
7 cucharadas de leche de coco
1-2 muslos de pollo sin piel ni
   huesos,troceados
1½ cucharaditas de salsa de pescado
   tailandesa, ½ tallo de hierba de limón
¼ cucharadita de raíz de jengibre fresca,
   picada fina, una pizca de azúcar
1 hoja de lima *kaffir* (opcional)
4 cucharadas de guisantes descongelados y
2 cucharaditas de cilantro fresco, picado

1 Caliente el aceite en una cacerola grande y fríe el chile y el ajo durante 2 min. Añada el puerro y fría durante 2 min más.

2 Eche el caldo de pollo y la leche de coco y lleve a ebullición a fuego medio.

3 Añada el pollo con la salsa de pescado, la hierba de limón, el jengibre, el azúcar y la hoja de lima, si se usa. Cueza a fuego lento, tapado durante 15 min o hasta que el pollo esté tierno, removiendo de vez en cuando.

4 Añada los guisantes y cueza durante 3 min más. Retire la hierba de limón. Eche el cilantro antes de servir.

Sopa de calabacines con pequeñas formas de pasta

Esta pasta hace a que esta sopa sea muy sustanciosa. Servida con pan crujiente y queso la convertirá en una comida por sí sola.

1 persona

INGREDIENTES

1 cucharada de aceite de oliva o girasol
1 cebolla pequeña,
    picada fina
1 ½ tazas de caldo de pollo
225 g/8 oz de calabacines
4 cucharadas de pasta blanca pequeña
zumo de limón
sal y pimienta negra recién molida
2 cucharaditas de perifollo fresco, picado
crema agria, para adornar.

2 Mientras tanto, ralle los calabacines y eche en el caldo hirviendo con la pasta. Baje el fuego y cueza a fuego lento durante 10 min, hasta que la pasta esté tierna. Sazone al gusto con zumo de limón, sal y pimienta.

3 Eche el perifollo y añada una espiral de crema agria antes de servir.

VARIANTE: Esta atractiva sopa de verano se puede hacer con pepino si no se encuentran calabacines. En este caso, use hinojo picado, estragón o eneldo en lugar de perifollo, como alternativa para este plato.

1 Caliente el aceite en una cacerola grande y añada la cebolla. Tape y cueza suavemente durante 20 min, hasta que esté muy suave pero sin que llegue a tener color, removiendo de vez en cuando. Añada el caldo y lleve a ebullición.

CONSEJOS: Si no tiene caldo fresco use un consomé enlatado de pollo o ternera de buena calidad en lugar de pastillas de caldo.

Mejillones al vapor en vino blanco

Este clásico plato francés es sencillo de preparar. Sirva con abundante pan francés crujiente para mojar en la salsa.

1 persona

INGREDIENTES
500 g/1 ¼ lb de mejillones frescos
5 cucharadas de vino blanco seco
1 chalota grande,
   picada fina
un ramillete de hierbas
pimienta negra recién molida

1 Tire los mejillones rotos y los que tengan las conchas abiertas y no se cierren cuando le dé unos golpecitos. Bajo el chorro de agua fría, raspe las conchas de los mejillones con un cuchillo para quitar las barbas. Ponga en remojo los mejillones en agua fría, cambiando el agua varias veces, durante al menos 1 h.

2 En una cacerola fuerte resistente al fuego, mezcle el vino, la chalota, el ramillete de hierbas y abundante pimienta. Lleve a ebullición a fuego medio-alto y cueza durante 2 min.

3 Añada los mejillones y cueza, ligeramente tapado durante 5 min o hasta que los mejillones se abran, agitando la cacerola de vez en cuando. Tire los mejillones que no se hayan abierto.

CONSEJOS: Para mejillones con salsa cremosa, cueza como arriba pero pase los mejillones a un cuenco templado y tape para mantenerlos calientes. Cuele el líquido de cocción a través de un colador forrado con muselina en una cacerola grande y cueza 7-10 min, hasta que se reduzca a la mitad. Eche, sin dejar de remover, nata para montar y 1½ cucharaditas de perejil picado, después añada los mejillones. Cueza 1 min más para volver a calentar los mejillones.

4 Con una espumadera, pase los mejillones a un plato hondo caliente. Vuelque la cacerola un poco y sujétela así unos segundos, para que la arena que hayan soltado se quede en el fondo. Vierta el líquido de cocción sobre los mejillones y sirva con pan francés crujiente.

VARIANTE: En vez de vino blanco, use la misma cantidad de sidra seca. Si prefiere una salsa más espesa, eche yema de huevo al líquido de cocción antes de verterlo sobre los mejillones.

Verduras variadas marinadas con aceite a la albahaca

El aceite a la albahaca es un aliño obligado para las verduras sencillas. Se conservará en la nevera hasta 2 semanas.

1 persona

INGREDIENTES

1½ cucharaditas de aceite de oliva
1 diente de ajo, machacado
la corteza de ½ limón,
   rallada fina
1 lata de 200 g/7 oz de corazones
   de alcachofas, escurridas
1 puerro grande, en rodajas
115 g/4 oz de calabaza, partida por la mitad,
   si es grande
1 tomate de pera grande, cortado
   en gajos longitudinales
15 g de hojas de albahaca fresca
⅔ de taza de aceite de oliva
   virgen extra
sal y pimienta negra recién molida

2 Ponga los corazones de alcachofa, el puerro, la calabaza y el tomate pera en un cuenco grande, vierta por encima la marinada y deje marinar 30 min.

3 Mientras, haga el aceite de albahaca. Mezcle las hojas de albahaca frescas con el aceite de oliva virgen extra en una batidora hasta que se forme un puré, aplastándolo un par de veces con una espátula.

1 Mezcle bien el aceite de oliva, el ajo y la corteza de limón en un cuenco, para hacer la marinada.

4 Caliente un *wok*, después rehogue las verduras marinadas 3-4 min, removiendo bien. Rocíe el aceite de albahaca sobre las verduras y sirva.

Ensalada de hígado de pollo y beicon

Las ensaladas templadas, con sus interesantes combinaciones de elementos calientes y fríos, se están haciendo muy populares.

4 personas

INGREDIENTES

50 g/2 oz de espinacas tiernas, sin los tallos
¼ de lechuga francesa
2 cucharadas de aceite de cacahuete o de
   girasol
1-2 lonchas gruesas de beicon sin ahumar,
   sin piel y cortado en láminas
1 rebanada de pan del día anterior,
   sin la corteza y cortado en dedos
   pequeños
115 g/4 oz de hígados de pollo
5 tomates cherry
sal y pimienta negra recién molida

1 · Ponga las hojas de ensalada en un cuenco. Caliente la mitad del aceite en una sartén. Añada el beicon y fría 3-4 min, o hasta que esté crujiente y dorado. Retírelo con una espumadera y escurra sobre papel.

2 Para hacer los picatostes, fría el pan en el aceite en el que se ha frito el beicon, hasta que estén crujientes y dorados por todos los lados. Seque en papel de cocina.

3 Caliente el resto del aceite, añada los hígados de pollo y fría enérgicamente 2-3 min. Ponga los hígados sobre las hojas de ensalada, añada el beicon, los picatostes y los tomates. Sazone, remueva y sirva.

Pera con queso Stilton

Éste es un clásico entrante británico, pero también es una aperitivo fácil que llena mucho a cualquier hora del día.

1 persona

INGREDIENTES
1 pera madura, ligeramente fría
25 g/1 oz de queso azul Stilton
1 cucharada de requesón
pimienta negra recién molida
ramitas de berros, para adornar

PARA EL ALIÑO
1 cucharada de aceite de oliva
1 cucharadita de zumo de limón
1 ½ cucharaditas de semillas
  de amapola, tostadas
sal y pimienta negra recién molida

1 Primero haga el aliño: ponga el aceite de oliva, el zumo de limón, las semillas de amapola y sal y pimienta en un bote con tapa y agite bien hasta que se emulsione.

2 Corte la pera por la mitad a lo largo y después quite el corazón y el cáliz de la parte redondeada.

3 Bata junto el Stilton, el requesón y un poco de pimienta. Reparta la mezcla uniformemente entre las cavidades de las mitades de las peras.

4 Agite el aliño para mezclarlo otra vez y échelo a cucharadas sobre las peras. Sirva adornado con berros.

Salmón con aliño de yogur y menta

El salmón es un pescado muy rico y está delicioso a la parrilla y servido con esta salsa ligera y delicada.

1 persona

INGREDIENTES
1 trozo de pepino de 10 cm/4 in
6 hojas de menta fresca
⅔ de taza de yogur
    griego natural
1 filete de salmón de 175 g/6 oz,
    sin escamas
aceite de oliva, para barnizar
sal y pimienta negra recién molida
ramitas de menta fresca, para adornar
hojas de espinacas frescas, para servir

3 Pique las hojas de menta. Ponga las hojas de menta picadas en un cuenco con el yogur.

1 Pele el pepino, córtelo por la mitad a lo largo y quite las semillas.

2 Ralle el pepino en un colador, sálelo ligeramente y escurra durante 5 min.

4 Exprima cualquier exceso de jugo del pepino y échelo al cuenco con el yogur y la menta. Sazone con pimienta negra y reserve. Precaliente la parrilla hasta que esté moderadamente caliente.

CONSEJOS: Tape y guarde las sobras del aliño de yogur y menta. Puede servirlo con chuletas de cordero solas al día siguiente.

5 Barnice el salmón con aceite de oliva y sazone con un poco de sal. Áselo a la parrilla durante 3 min, con el lado de la piel hacia arriba, después dé la vuelta con cuidado, y áselo durante 2 min por el otro lado. La piel debería estar dorada y crujiente.

6 Sirva sobre una cama de espinacas con el aliño de yogur y pepino. Adorne con menta y espolvoree por encima con algo de pimienta negra recién molida.

Filetes de merluza ahumada con salsa de perejil rápida

Haga cualquier salsa de hierbas con este método, asegurándose que esté espesa y bien sazonada para que complemente el sabor ahumado del pescado.

1 persona

INGREDIENTES
225 g/8 oz de filetes de merluza ahumados
2 cucharadas de mantequilla, blanda
2 cucharadas de harina sin levadura
⅔ de taza de leche
1-2 cucharadas de perejil fresco picado, más
  un poco para adornar
sal y pimienta negra recién molida

1 Unte el filete de pescado por ambos lados con la mitad de la mantequilla y precaliente ligeramente la parrilla.

2 Bata el resto de mantequilla y la harina en un cuenco para hacer una pasta.

3 Ase el pescado a la parrilla durante 10-15 min, dándole la vuelta cuando sea necesario. Mientras tanto, caliente la leche hasta el momento en que empiece a hervir. Añada, poco a poco, la mezcla de harina, removiendo constantemente sobre el fuego. Continúe hasta que la salsa esté suave y espesa.

4 Eche sal, pimienta y perejil y vierta sobre el pescado, adornado con perejil.

Atún con costra de cilantro y salsa de mango

El atún fresco es muy carnoso y saciante y combina perfectamente con una salsa de frutas que se hace en un momento.

1 persona

INGREDIENTES
la corteza de ¼ de limón, rallada fina
¼ cucharadita de granos de pimienta negra
1 cucharada de cebolla, picada fina
1 ½ cucharaditas de cilantro fresco, picado
175 g/6 oz de filete de atún fresco
2 cucharadas de aceite de oliva

PARA LA SALSA
¼ mango, pelado y en dados
1 cucharada de aceite de oliva
1 cucharadita de corteza de lima rallada
¼ chile rojo, sin semillas y picado fino

1 Mezcle el mango, el zumo de lima, la corteza y el chile y marine 1 h.

2 Mezcle la corteza de limón, los granos de pimienta, la cebolla y el cilantro en un molinillo de café para hacer una pasta áspera.

3 Unte esto en un lado del filete con la parte plana de un cuchillo.

4 Caliente el aceite de oliva en una sartén de fondo grueso hasta que empiece a humear. Añada el atún, con el lado de la pasta hacia abajo, hasta que se forme una costra. Baje el fuego y dé la vuelta para que el filete se haga por el otro lado durante 1 minuto. Seque a golpecitos el exceso de grasa con papel de cocina. Sirva con la salsa de mango.

Pargo rojo con salsa de hierbas

Este sencillo plato está delicioso servido con hojas de lechuga variadas, adornado con cilantro y rizos de corteza de naranja.

1 persona

INGREDIENTES
175 g/6 oz de filetes de pargo
1 cucharadita de aceite vegetal
10 g/¼ oz de mantequilla
sal y pimienta negra recién molida

PARA LA SALSA
15 g/½ oz de hojas de cilantro o perejil fresco
½ taza de aceite de oliva
1 diente de ajo, picado
1 tomate pequeño, sin el corazón y picado
1 ½ cucharaditas de zumo
    de naranja, recién exprimido
1 cucharadita de vinagre de jerez
una pizca de sal

2 Pase a un cuenco. Eche el zumo de naranja, el vinagre y la sal. Reserve la salsa. Lave el pescado y séquelo a golpecitos. Espolvoree con sal y pimienta.

3 Caliente el aceite y la mantequilla en una sartén antiadherente grande. Cuando esté caliente, añada el pescado y fría 2-3 min, hasta que la carne esté opaca.

1 Primero haga la salsa. Ponga el cilantro o el perejil, el aceite y el ajo en una batidora. Bata hasta que esté casi suave. Añada el tomate y apriete y suelte el botón varias veces; en la mezcla deberían quedar algunos grumos.

4 Con cuidado, pase el pescado a un plato caliente con una pala para pescado o con una espátula ancha. Eche por encima una cucharada de salsa. Sirva más salsa a un lado del pescado.

Paquete de platija y pesto

El envolver el pescado ayuda a mantenerlo húmedo en la cocción.

1 persona

INGREDIENTES

2 cucharadas de mantequilla y 1 cucharadita de
  salsa *pesto*
2 filetes de platija pequeños
¼ bulbo de hinojo pequeño,
1 zanahoria pequeña y 1 calabacín pequeño,
  cortados todos en bastoncitos
½ cucharadita de corteza de limón recién
  rallada, aceite de girasol, para barnizar
sal y pimienta negra recién molida
hojas de albahaca fresca, para adornar

1 Precaliente el horno a 190 °C/375 °F.
Bata la mitad de la mantequilla con el *pesto*
y sazone. Pele los filetes, después reparta la
mantequilla de *pesto* sobre el lado sin piel y
enrolle, empezando por el lado grueso.

2 Derrita el resto de la mantequilla en
una cacerola. Añada el hinojo y la
zanahoria y saltee 3 min. Añada el
calabacín y saltee otros 2 min. Aparte del
fuego. Añada la corteza de limón y sazone.

3 Engrase un cuadrado de papel
encerado. Eche cucharadas de la verdura en
el centro y ponga los rollos encima. Selle el
paquete y póngalo en una bandeja para
asar. Hornea 15-20 min. Abre el paquete
y espolvorea con la albahaca.

Raya con limón

El limón y las alcaparras son acompañantes clásicos del pescado.

1 persona

INGREDIENTES

1 aleta de raya pequeña, de unos 175-225 g/
  6-8 oz y harina sin levadura, sazonada
4 ½ cucharaditas de aceite de oliva
1 diente de ajo, machacado
1 cucharadita de corteza de limón, rallada
2 cucharadas de zumo de limón
1 ½ cucharaditas de alcaparras, lavadas,
  escurridas y picadas y las mismas de perejil
  de hoja plana fresco, picado
1 cucharadita de albahaca fresca, picada y otra
  de cebollino, cortado con tijeras
sal y pimienta negra recién molida

1 Espolvoree la raya con la harina
sazonada. Caliente 1 ½ cucharaditas del
aceite en una sartén y, una vez caliente,
añada la raya y fría 8-10 min, dándole la
vuelta una vez.

2 Mezcle el resto del aceite, el ajo, la
corteza y el zumo de limón en un cuenco
con las alcaparras, el perejil, la albahaca y el
cebollino y sazone.

3 Vierta la salsa en un cazo para
calentarla. Sirva la raya con la salsa por
encima.

*Derecha: Paquete de platija y pesto (arriba);
Raya con limón*

Langostinos a la mediterránea

Los pinchos de langostinos son un delicioso plato para las cenas de verano.

1 persona

INGREDIENTES
4 langostinos, pelados
1 diente de ajo, picado fino
4 cucharaditas de perejil fresco, picado
1 ramita de romero fresco pequeña, con las hojas quitadas y picadas
un pellizco de escamas de chile seco
3 cucharadas de zumo de lima reciente
1 ½ cucharaditas de aceite de oliva
sal y pimienta negra recién molida
ensalada verde, para servir

1 Quite el hilo negro de la parte trasera de los langostinos. Haga cortes a lo largo por detro y colóquelos en abanico.

2 Mezcle el ajo, las hierbas, las escamas de chile, el zumo de lima y el aceite en un cuenco y sazone. Añada los langostinos, mezcle bien y marine 1 h. Ponga en remojo 4 pinchos de madera, en agua templada durante al menos 30 min.

3 Precaliente la parrilla hasta que esté muy caliente. Inserte 2 langostinos en cada pincho y áselos a la parrilla 2-3 min. Quite los langostinos de los pinchos y sirva con la ensalada verde.

Derecha: Langostinos a la mediterránea (arriba); Vieiras con limón y tomillo

Vieiras con limón y tomillo

Si usa la concha, asegúrese primero de que está bien limpia.

1 persona

INGREDIENTES
1 cucharada de aceite de oliva
1 diente de ajo, picado fino
las hojas de 1 ramita de tomillo fresco
1 hoja pequeña de laurel
1 cucharadita de perejil fresco, picado
4 vieiras frescas, lavadas
½ chalota pequeña, picada fina
1 cucharadita de vinagre balsámico
1 ½ cucharaditas de zumo de limón
2 cucharadas de caldo de pollo o verduras
sal y pimienta negra recién molida
6 hojas de espinacas *baby*, para adornar

1 Mezcle el aceite de oliva, el ajo, el tomillo, la hoja de laurel y el perejil en un cuenco. Añada las vieiras y marine 1 h. Caliente una sartén de base ancha. Saque las vieiras de la marinada y tuéstelas durante 30 s por cada lado. Pase a un plato y reserve caliente.

2 Añada la marinada a la sartén con la chalota, el vinagre balsámico, el zumo de limón y el caldo. Cueza a fuego fuerte durante 2-3 min, hasta que el caldo se haya reducido bastante. Quite la hoja de laurel y sazone. Coloque las hojas de espinacas en un plato de servir, ponga las vieiras en la concha y vierta el jugo.

Pollo con tomates y aceitunas

Las pechugas de pollo o pavo y los escalopes de ternera o cerdo pueden aplastarse para que se hagan más rápida y uniformemente.

1 persona

INGREDIENTES
150-175 g/5-6 oz de pechuga de pollo, sin piel ni huesos
una pizca de pimienta de cayena
4 ½ cucharaditas de aceite de oliva virgen extra
1 diente de ajo, picado fino
15 aceitunas negras
2 tomates pera, picados
1 cucharada de albahaca fresca y sal

1 Conga cuidado, quite el músculo grande con forma de dedo de la parte de atrás de la pechuga y reserve para usarlo en otra ocasión.

2 Ponga las pechugas de pollo entre dos hojas de papel encerado o papel transparente y golpee con el lado plano de un mazo o extiéndalo con el rodillo de cocine hasta que tenga 1,5 cm/½ in de grosor. Sazone con sal y pimienta de cayena.

CONSEJOS: Si las pieles de los tomates están duras, quítelas marcando la base de cada tomate con un cuchillo y después sumérjalas en agua hirviendo durante 30 s.
La piel se debería pelar fácilmente.

3 Caliente 1 cucharada de aceite de oliva en una sartén grande a fuego medio. Añada el pollo y fría durante 4-5 min, hasta que esté dorado, dándole la vuelta una vez. Pase a un plato de servir caliente y reserve caliente.

4 Limpie la sartén y vuelva a ponerla al fuego. Añada el resto del aceite de oliva y fría el ajo durante 1 minuto, hasta que esté dorado y aromático. Eche las aceitunas, cueza durante 1 min más y eche los tomates.

5 Desmenuce las hojas de albahaca y échelas a la mezcla de aceitunas y tomate, después vierta la salsa sobre el pollo y sirva.

Pollo con cilantro y guisantes

Los rehogados son, probablemente, la comida rápida más original. Se hacen en sólo unos minutos y resultan realmente estupendos.

1 persona

INGREDIENTES
1 pechuga de pollo, sin piel ni huesos
50 g/2 oz de vainas de guisantes
1 cucharada de aceite de oliva, y más cantidad
    para freír en aceite abundante
1 diente de ajo, picado fino
1 cucharadita de raíz de jengibre, recién
    rallada
2 cebolletas, en trozos de 4 cm/1 ½ in
½ cucharadita de aceite de sésamo
1 cucharadita de cilantro fresco, picado
arroz cocido, para servir

PARA LA MARINADA
¼ cucharadita de harina de maíz
1 cucharadita de salsa de soja clara
1 cucharadita de Jerez semiseco
1 cucharadita de aceite vegetal

PARA LA SALSA
¼ cucharadita de harina de maíz
1 cucharadita de salsa de soja oscura
2 cucharaditas de caldo de pollo
1 cucharadita de salsa de ostras

1 Corte el pollo en tiras de unos 4 cm/
1 ½ in. Para hacer la marinada, mezcle la
harina de maíz y la salsa de soja. Eche el
Jerez y el aceite. Vierta sobre los trozos de
pollo y deje durante 30 min.

2 Limpie las vainas de guisantes y
sumérjalas en una cacerola de agua
hirviendo. Lleve otra vez a ebullición,
después refrésquelas bajo el chorro de
agua fría. Escurra otra vez.

3 Para hacer la salsa, mezcle la harina
de maíz, la salsa de soja, el caldo y la
salsa de ostras y reserve.

4 Caliente el aceite en una freidora.
Escurra las tiras de pollo y fríalas durante
30 s para que se doren, escúrralas y páselas
a un plato con una espumadera.

5 Caliente la mitad del aceite vegetal en
un *wok* precalentado y añada el ajo y el
jengibre. Rehogue durante 30 s. Añada
las vainas de guisantes y rehogue durante
1-2 min más. Páselos a un plato
y reserve caliente.

6 Caliente el resto del aceite vegetal en un *wok*. Añada las cebolletas y rehogue durante 1-2 min. Añada el pollo y rehogue otros 2 min. Vierta la salsa, baje el calor y cueza durante 4 min, hasta que espese y el pollo esté bien cocido.

7 Eche el aceite de oliva a la mezcla de pollo. Sirva con arroz recién cocido y con las vainas de guisantes por encima. Espolvoree con el cilantro fresco picado.

Pechuga de pato con piña y jengibre

La pechuga de pato deshuesada se encuentra en la mayoría de los supermercados y es una sustanciosa comida para uno.

1 persona

INGREDIENTES
1 pechuga de pato, deshuesada
2 cebolletas, picadas
1 ½ cucharaditas de salsa de soja clara
115 g/4 oz de rodajas de piña de lata
4 cucharaditas de agua
1 trozo de raíz de jengibre chino en almíbar, escurrida, y 2 cucharaditas de almíbar del bote
1 ½ cucharaditas de harina de maíz, mezclada con un poco de agua, hasta obtener una pasta fina
sal y pimienta negra recién molida
fideos de huevo, espinacas *baby* y judías verdes, para servir
1 cucharada de tiras de pimiento verde y rojo (adorno)

1 Quite, con cuidado, la piel de la pechuga de pato. Coja un plato llano que quepa en una cacerola para cocer al vapor y que quepa bien la pechuga de pato. Extienda la cebolleta picada en el plato, ponga la pechuga de pato por encima y tape con papel antiadherente para horno.

2 Ponga la cacerola para cocer al vapor sobre agua hirviendo y cueza la pechuga durante 1 h. Sáquela de la cacerola y déjela a un lado, hasta que esté lo bastante fría como para cogerla con las manos.

3 Corte el pato en láminas finas. Póngalas en un plato y humedézcalo con un poco de los jugos de cocción del pato. Cuele los jugos restantes en una cacerola con la salsa de soja y reserve. Tape las láminas de pato con papel para el horno o de aluminio y reserve caliente.

4 Escurra las rodajas de piña, reservando 1 cucharada del zumo. Añada el zumo a los jugos de cocción reservados en la cacerola, junto con la medida de agua. Eche el almíbar de jengibre y la pasta de harina de maíz y cueza, sin dejar de remover, hasta que espese. Sazone al gusto.

5 Corte la piña y el jengibre de forma atractiva. Ponga los fideos cocidos, las espinacas *baby* y las judías verdes en un plato, añada las láminas de pato y eche por encima la piña, el jengibre y las tiras de pimiento. Vierta por encima la salsa y sirva.

Jamón estofado con salsa tailandesa

Con muy poco de esfuerzo y gasto, puede transformar un loncha de jamón en un elegante plato de *gourmet*.

1 persona

INGREDIENTES
2 cucharadas de mantequilla sin sal
1 chalota, picada fina
1 ½ cucharaditas de harina sin levadura
1 cucharada de puré de tomate
½ taza de caldo de ternera
4 ½ cucharaditas de Madeira
175-200 g/6-7 oz de lonchas de jamón
sal y pimienta negra recién molida
berros, para adornar
puré de patatas, para servir

1 Derrita la mitad de la mantequilla en una cacerola de tamaño mediano, después añada la chalota y cueza durante 2-3 min, hasta que esté tierna, removiendo frecuentemente.

CONSEJOS: Para que la salsa tenga más color, añada unas gotas de salsa de carne al caldo.

2 Espolvoree la harina por encima y cueza 3-4 min, hasta que esté bien dorada, removiendo. Después, sin dejar de remover, añada el puré de tomate y el caldo. Cueza a fuego lento hasta que la salsa se reduzca hasta la mitad, removiendo de vez en cuando.

3 Pruebe la salsa y rectifique el sazonado, después eche el Madeira y cueza durante 2-3 min.

4 Cuele en un cuenco pequeño y reserve caliente en un horno pequeño o sobre una cacerola con agua cociendo a fuego lento.

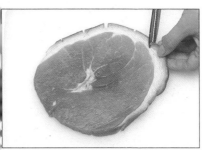

5 Corte con tijeras los bordes de la loncha de jamón para que no se doblen. Derrita el resto de la mantequilla en una sartén grande a fuego medio alto, después añada el jamón y fría durante 4-5 min o hasta que esté bien hecho, dándole la vuelta una vez. Pase el jamón a un plato caliente y vierta encima la salsa. Adorne con berros y sirva con puré de patatas.

Chuletas de cordero a la menta

Aquí se le da un toque ligeramente distinto a esta clásica combinación.

1 persona

INGREDIENTES
2 chuletas de lomo de cordero
    o 1 grande de unos 2 cm/¾ in de grosor
pimienta negra molida
menta fresca, para adornar
patatas salteadas, para servir

PARA LA VINAGRETA DE MENTA
1 ½ cucharaditas de vinagre
    de vino blanco
¼ cucharadita de miel pura
1 diente de ajo pequeño, muy picado
1 cucharada de aceite de oliva virgen extra
1 cucharada de menta fresca, picada fina
1 tomate pequeño, pelado, sin semillas
    y en dados pequeños
sal y pimienta negra recién molida

1 Primero haga la vinagreta. Ponga el vinagre, la miel, el ajo, sal y pimienta en un cuenco pequeño y bata bien. Añada, poco a poco, el aceite, mientras que bate. Después eche la menta y el tomate y deje aparte durante 1 h.

2 Ponga las chuletas de cordero en una tabla y limpie cualquier exceso de grasa. Espolvoree la pimienta por ambos lados y presione la carne para que se cubra uniformemente.

3 Engrase una plancha de hierro fundido y colóquelo a fuego fuerte, hasta que esté tan caliente que humee. Ponga las chuletas en la plancha y baje el calor a fuego medio. Ase las chuletas 6-7 min, dándoles la vuelta una vez, o hasta que estén a su gusto. Sirva las chuletas con la vinagreta y las patatas salteadas, adornadas con menta.

Filete a la pimienta en cerveza

Sabores fuertes para un gran apetito. Sirva con ensalada y patatas asadas con piel.

1 persona

INGREDIENTES

175 g/6 oz de solomillo de ternera o filete de lomo de ternera de unos 2,5 cm/1 in de grosor y 1 diente de ajo, machacado

2 cucharadas de cerveza negra

1 ½ cucharaditas de azúcar moreno muscovado otras tantas de salsa Worcestershire

1 cucharadita de aceite de maíz y otra de granos de pimienta negra molida

1 Ponga el filete en un plato hondo y añada el ajo, la cerveza, el azúcar, la salsa y el aceite. Dé la vuelta e impregne bien en la marinada y después deje marinar en la nevera 2-3 h o durante toda la noche.

2 Saque el filete del plato y reserve la marinada. Espolvoree los granos de pimienta sobre el filete e introdúzcalos, presionando dentro de la superficie. Precaliente la parrilla.

3 Haga los filetes en la parrilla caliente, barnizándolos de vez en cuando con la marinada durante la cocción.

4 Dé la vuelta una vez al filete y hágalo durante 3-6 min por cada lado, dependiendo del punto que prefiera.

CONSEJOS: Tenga cuidado cuando eche la marinada sobre el filete; eche sólo una cucharada cada vez.

Filete al chile con albahaca

¡Este plato es para los verdaderos amantes del chile! Fácil de preparar y cocinar.

1 persona

INGREDIENTES
3 cucharadas de aceite de cacahuete
8-10 hojas grandes
   de albahaca fresca
150 g/5 oz de filete de lomo
1 cucharada de salsa de pescado tailandesa
½ cucharadita de azúcar moreno claro
1 chile rojo fresco, en aros
1 diente de ajo, picado
½ cucharadita de raíz de jengibre
   fresca, picada
1 chalota pequeña, en láminas finas
1cucharada de albahaca fresca, picada
un chorrito de zumo de limón
sal y pimienta negra recién molida
arroz cocido, para servir

2 Corte el filete en tiras finas. En un cuenco, mezcle la salsa de pescado y el azúcar. Añada la ternera, mezcle bien, después deje marinar durante 30 min.

3 Vuelva a calentar el aceite hasta que esté caliente, añada el chile, el ajo, el jengibre y la chalota y rehogue durante 30 s. Añada la ternera y la albahaca picada, después rehogue 3 min. Condimente con el zumo de limón y sazone al gusto.

1 Caliente el aceite en un *wok* precalentado, y cuando esté caliente, añada las hojas de albahaca y fría 1 minuto, hasta que estén crujientes. Escurra sobre papel de cocina. Aparte el *wok* del fuego y tire todo el aceite menos 1 cucharada.

CONSEJOS: Para reducir el sabor picante del chile, quite las semillas antes de cocinar. Lávese las manos con cuidado después de tocar los chiles.

4 Páselo a un plato de servir caliente, reparta por encima las hojas de albahaca fritas y sirva inmediatamente con arroz cocido.

Pimiento rojo relleno de ternera picada

Este sencillo plato todo en uno se puede cocinar en un horno convencional o, por rapidez y economía, en el microondas.

1 persona

INGREDIENTES
1 pimiento rojo
½ cebolla pequeña
1 rama de apio
1 taza de ternera picada
1 cucharada de aceite de oliva
2-3 champiñones
una pizca de canela molida
sal y pimienta negra recién molida
perejil de hoja plana, para adornar
ensalada verde, para servir

1 Corte la parte de arriba del pimiento rojo y resérvalo. Quite las semillas y membrana del pimiento.

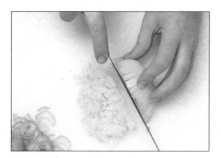

2 Pique la cebolla muy fina y el apio. Reserve. Saltee la carne picada en una sartén antiadherente durante unos minutos, removiendo, hasta que deje de estar roja. Pásela a un plato.

3 Ponga la mitad del aceite en una sartén y saltee las verduras picadas a fuego fuerte hasta que la cebolla empiece a dorarse. Añada los champiñones y añada la carne medio cocida. Sazone con canela, sal y pimienta. Cueza a fuego lento durante 15 min.

4 Precaliente el horno a 190 °C/375 °F. Corte una lámina de la base del pimiento para que quede de pie, rellénelo con la mezcla de ternera y tape. Póngalo en un plato engrasado y rocíe el aceite que queda y hornee durante 20 min. Adorne con perejil y sirva con ensalada verde.

VARIANTE: Puede usar carne de cordero en lugar de ternera, si lo prefiere.

Verduras rehogadas a la Balti con anacardos

Este versátil rehogado se adaptará a la mayoría de las combinaciones de verduras –no tiene que usar la selección que se sugiere aquí.

1 persona

INGREDIENTES
1 zanahoria pequeña
½ pimiento rojo, sin semillas
½ pimiento verde, sin semillas
1 calabacín pequeño
25 g/1 oz de judías verdes
1-2 cebolletas
1 cucharadita de aceite
   de oliva virgen extra
1 hoja de curry
una pizca de semillas de comino blancas
1 chile rojo seco, picado
1 cucharada de anacardos
una pizca de sal
1½ cucharaditas de zumo de limón
hojas de menta fresca,
   para adornar

3 Añada las verduras y los anacardos y remuévalos constantemente. Añada sal y el zumo de limón. Continúe removiendo y cueza durante 2-3 min.

1 Prepare las verduras: corte la zanahoria, los pimientos y el calabacín en bastoncitos, corte las judías por la mitad y pique las cebolletas. Reserve.

2 Caliente el aceite en un *wok* o sartén antiadherente y fría la hoja de curry, las semillas de comino y el chile seco durante 1 minuto.

4 Pase a un plato de servir, adorne con hojas de menta y sirva.

CONSEJOS: Si tiene muy poco tiempo, use verduras variadas congeladas, que también van bien a este plato.

Pilaff de arroz salvaje con hierbas

Un nutritivo plato único.

1 persona

INGREDIENTES
⅓ de taza de arroz salvaje y arroz *basmati* integral mezclados
1 cucharadita de aceite de oliva
½ cebolla pequeña, picada
1 diente de ajo, machacado
½ cucharadita de comino molido
½ cucharadita de cúrcuma molida
2 cucharadas de pasas sultanas
¾ de taza de caldo de verduras
1 cucharada de hierbas frescas mezcladas, picadas y sal y pimienta negra recién molida
ramitas de hierbas frescas y 1 cucharada de pistachos, para adornar

1 Lave el arroz en un colador y después escurra bien. Caliente el aceite en una cacerola, añada la cebolla y el ajo y fría suavemente 5 min, removiendo de vez en cuando.

2 Añada las especias y el arroz y cueza otro minuto más, removiendo. Eche las pasas sultanas y el caldo, lleve a ebullición, tape y cueza a fuego lento 20-25 min, hasta que se haya absorbido casi todo el líquido, removiendo de vez en cuando.

3 Eche las hierbas picadas y sazone. Eche cucharadas de *pilaff* en un plato hondo y adorne con ramitas de hierbas y pistachos.

Verduras *baby* asadas

Sirva con aceitunas negras, si quiere.

1 persona

INGREDIENTES
165 g/5 ½ oz de verduras *baby* variadas, como berenjena, cebolla o chalota, calabacín maíz y champiñones
½ pimiento rojo pequeño, sin semillas y cortado en trozos grandes
1 diente de ajo, picado fino
1 cucharadita de aceite de oliva y otra de hierbas mezcladas frescas, picadas
2-3 tomates cherry
4 cucharadas de mozzarella rallada
sal y pimienta negra recién molida
aceitunas negras para servir (opcional)

1 Precaliente el horno a 220 °C/425 °F. Corte todas las verduras *baby* por la mitad a lo largo.

2 Ponga las verduras *baby* y el pimiento rojo en un plato con el ajo y sazone. Rocíe con el aceite y remueva las verduras para cubrirlas. Hornee durante 20 min, dándoles la vuelta una vez.

3 Saque el plato del horno y eche las hierbas. Añada los tomates y eche la mozzarella por encima. Hornee 5-10 min más.

Derecha: Pilaff de arroz con hierbas (arriba); Verduras baby asadas

Fideos tailandeses con cebollino chino

Esta receta requiere un poco de tiempo para prepararla, pero todo se cuece rápidamente en un *wok* caliente, y se deberá comer inmediatamente.

1 persona

INGREDIENTES

75 g/3 oz de fideos de arroz secos
¼ cucharadita de raíz de jengibre recién rallada
1 ½ cucharaditas de salsa de soja clara
2 ½ cucharaditas de aceite vegetal
50 g/2 oz de Quorn, cortado en dados pequeños
1 diente de ajo, machacado
1 cebolleta pequeña, cortada en cuñas pequeñas
25 g/1 oz de tofú frito, en láminas finas
1 chile pequeño, sin semillas y en rodajas finas
50 g/2 oz de brotes de soja
25 g/1 oz de cebollino chino, cortado en trozos
    de 5 cm/2 in
2 cucharadas de cacahuetes tostados molidos
1 ½ cucharadita de salsa de soja oscura
1 ½ cucharadita de cilantro fresco, picado

1 Ponga los fideos en un cuenco, cubra con agua caliente y déjelos en remojo durante 20-30 min, después escurra. Mezcle el jengibre, la salsa de soja clara y 1 cucharadita del aceite en un cuenco. Eche el Quorn y reserve durante 10 min. Escurra, reservando la marinada.

2 Caliente 1 cucharadita del aceite en un *wok* o sartén y fría el ajo durante unos segundos. Añada el Quorn y rehogue durante 2-3 min. Después pase a un plato y reserve.

3 Caliente el resto del aceite en el *wok* o sartén y rehogue las cuñas de cebolla durante 3-4 min, hasta que estén blandas y doradas. Añada el tofú frito y el chile, rehogue rápidamente y después añada los fideos. Rehogue 4-5 min.

4 Eche los brotes de soja, los cebollinos chinos y la mayoría de los cacahuetes molidos, reservando unos pocos para adornar. Remueva bien y añada el Quorn, la salsa de soja oscura y la marinada reservada. Continúe cociendo durante 1-2 min más.

5 Cuando esté caliente, eche cucharadas en un plato de servir y adorne con el resto de cacahuetes molidos y el cilantro.

VARIANTE: El Quorn hace de este plato un plato vegetariano; sin embargo, se pueden usar láminas de cerdo o pollo finas. Rehóguelas al principio durante 4-5 min.

Capellini con rúcula

Un plato de pasta ligero pero que llena, con el sabor a pimienta de la rúcula fresca, la frescura de los guisantes con vaina y la textura crujiente de los piñones.

1 persona

INGREDIENTES

65 g/2 ½ oz de *capellini* frescos o pasta
   de cabello de ángel
50 g/2 oz de guisantes con vaina
65 g/2 ½ in de rúcula
1 cucharada de guisantes tostados
2 ½ cucharaditas de Parmesano rallado
2 ½ cucharaditas de aceite de oliva

1 Cueza los *capellini* o pasta de cabello de ángel, siguiendo las instrucciones del paquete, hasta que esté *al dente*.

2 Quite las puntas de las vainas de los guisantes y separe las hojas de rúcula.

3 Tan pronto como la pasta esté cocida, eche la rúcula y los guisantes con vainas, escurra inmediatamente.

4 Remueva la pasta en un cuenco grande con los piñones tostados y el aceite de oliva. Sirva inmediatamente.

Pizza de tomate e hinojo

Esta pizza confía en la combinación ganadora de tomates, hinojo y Parmesano.
El hinojo añade una textura crujiente y un sabor único.

1 persona

INGREDIENTES
½ bulbo de hinojo pequeño
4 ½ cucharaditas de aceite de oliva
1 base de pizza de 20-35 cm/8-10 in
   de diámetro
1 taza de salsa de tomate preparada
1 cucharada de perejil de hoja plana fresco,
   picado
¼ de taza de *mozzarella* rallada
⅓ de taza de Parmesano rallado
sal y pimienta negra recién molida

1 Precaliente el horno a 220 °C/425 °F.
Limpie el hinojo y córtelo a lo largo.
Quite el corazón y corte el resto en
láminas finas.

2 Caliente 2 cucharaditas de aceite de
oliva en una sartén y saltee el hinojo
durante 4-5 min, hasta que esté tierno,
y sazone.

3 Barnice la base de la pizza con el resto
del aceite y reparta por encima la salsa
de tomate. Eche el hinojo por encima y
esparza el perejil de hoja plana.

4 Mezcle la mozzarella y el Parmesano
y espolvoree por encima. Hornee durante
15 min, hasta que esté crujiente y dorada.

Verduras cocidas *gado-gado*

Este sabroso plato indonesio de verduras variadas, tofú y huevos duros constituye una cena sustanciosa. Quite el pan de gambas para los vegetarianos.

1 persona

INGREDIENTES
75 g/3 oz de col, espinacas y brotes de soja, lavados y troceados
un trozo de 2,5 cm/1 in de pepino cortado en cuñas, salado y dejado reposar durante 15 min
1 huevo duro, pelado y 25 g/1 oz de tofú
2-3 trozos de pan de gambas (opcional)
50 g/2 oz de patatas para cocer, cocidas y en dados
zumo de limón
cebollas fritas en abundante aceite, para adornar (opcional)

PARA LA SALSA DE CACAHUETES
1 chile rojo fresco, sin semillas y molido
⅔ de taza de leche de coco
175 g/6 oz de mantequilla de cacahuete crujiente
1 ½ cucharaditas de salsa de soja oscura o azúcar moreno
4 ½ cucharaditas de zumo de limón
cacahuetes picados y sal

1 Primero, haga la salsa de cacahuetes. Ponga el chile, la leche de coco, la mantequilla de cacahuete en una cacerola y caliente suavemente, removiendo, hasta que esté suave. Cueza a fuego lento hasta que espese, después eche la salsa de soja o el azúcar y el zumo de limón. Sazone con sal al gusto, viértalo en un cuenco y eche unos cuantos cacahuetes molidos. Reserve.

2 Lleve a ebullición una cacerola grande con agua salada. Sumerja un tipo de verdura cruda cada vez, excepto el pepino, en la cacerola durante unos segundos para escaldarlos. Sáquelas con una espumadera y páselas por agua muy fría. Escurra bien.

3 Lave los trozos de pepino y escúrralos. Corte el huevo en cuartos. Corte el tofú en dados.

4 Fría el tofú en un *wok* con aceite de oliva, hasta que esté crujiente por todos los lados. Séquelos y escurra sobre papel de cocina.

5 Añada más aceite en la sartén y fría con mucho aceite el pan de gambas, si se usa. Escurra sobre papel de cocina.

CONSEJOS: Cualquier resto de salsa de cacahuete se puede servir con pollo al grill para hacer pollo Satay.

6 Coloque las verduras cocidas, incluyendo las patatas, en un plato con el pepino, el huevo y el tofú. Rocíe con el zumo de limón y reparta por encima las cebollas fritas, si se usan. Sirva con la salsa de cacahuetes y el pan de gambas, si se usa.

Ensalada de trigo partido

Sabores delicados e insólitos se mezclan en esta deliciosa ensalada.

4 personas

INGREDIENTES
5 cucharadas de caldo vegetal
¼ de palito de canela
una pizca de comino molido, de clavos molidos
    y de sal
¼ de taza de trigo partido
6 vainas de guisantes, sin los extremos
½ pimiento rojo pequeño y ½ pimiento amarillo
    pequeño, asados, pelados, sin semillas y en
    dados
1 tomate de pera pequeño, pelado, sin semillas
    y en dados y 1 chalota pequeña, en láminas
2 aceitunas negras, sin hueso y cortadas en
    cuartos
1 ½ cucharaditas de albahaca fresca en trozos,
    otras dos de menta y otras dos de perejil
1 ½ cucharaditas de nueces picadas
1 ½ cucharaditas de vinagre balsámico
2 cucharadas de aceite de oliva extra virgen
pimienta negra recién molida
aros de cebolla, para adornar

1 Vierta el caldo, las especias y sal en una
cacerola, lleve a ebullición y cueza
durante 1 minuto.

2 Ponga el trigo agrietado en un
cuenco, vierta el caldo por encima y deje
reposar durante 30 min.

3 En otro cuenco, mezcle las vainas de los
guisantes, los pimientos, los tomates, las
chalotas, las aceitunas, las hierbas y las
nueces. Añada el vinagre, el aceite de oliva
y pimienta negra y mezcle a fondo.

CONSEJOS: Para asar los pimientos,
córtelos por la mitad y póngalos con la
piel hacia arriba en una bandeja. Meta
al, precalentado a 220 °C/425 °F y
ase 20 min, hasta que se quemen.
Métalos en una bolsa de plástico
10 min. Después la piel podrá quitarse.

VARIACIÓN: Esta ensalada admite
variaciones. Puede utilizar judías
francesas y tomates frescos. Otra
variedad de frutos secos que puede
incluir son las almendras, y el resultado
que se obtiene es igual de delicioso.

4 Escurra cualquier líquido del grano agrietado y quite el palito canela. Póngalo en un plato de servir, échelo en la mezcla de verduras frescas y sirva, adornado con los aros de cebolla.

Brûlée de ciruelas, pasas y ron

Rompa el caramelo crujiente para encontrar las jugosas ciruelas
y la suave crema del interior de este postre.

1 persona

INGREDIENTES
1 cucharada de pasas
2 cucharaditas de ron oscuro
75 g/3 oz de ciruelas medianas
1 cucharada de zumo de naranja
1 cucharadita de miel pura
¼ de taza de queso blando
2 cucharadas de azúcar

2 Corte las ciruelas en cuartos y quite
los huesos. Póngalas en una cacerola
de base ancha, junto con el zumo de
naranja y la miel. Cueza a fuego lento
durante 5 min o hasta que estén blandas.
Eche las pasas. Reserve 1 cucharada del
jugo y pase el resto con las ciruelas y las
pasas a una cazuela de barro.

1 Ponga las pasas en un cuenco pequeño
y rocíelas con el ron por encima. Deje en
remojo durante 5 min.

VARIANTE: Cueza a fuego lento una
manzana grande con 25 g/1 oz de
azúcar. Tritúrelo, después bata con 1
cucharada de mantequilla. Añada una
pizca de calvados y deje enfriar antes de
terminar como en el paso 4.

3 Mezcle el queso blando con el jugo de
las ciruelas reservado. Eche cucharadas
de la mezcla encima de las ciruelas y deje
enfriar en la nevera durante 1 h.

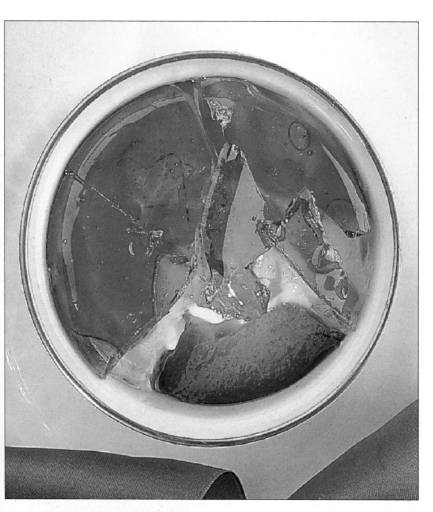

4 Ponga el azúcar en una cacerola de base ancha con 1 cucharada de agua fría. Caliente suavemente, removiendo, hasta que el azúcar se haya disuelto. Cueza durante 10 min, o hasta que se dore. Deje enfriar durante 2 min, después vierta sobre la cazuela con cuidado. Deje enfriar y sirva.

Fondue de frutas con salsa de avellana

La fruta fresca es sabrosa y fácil de comer pero puede llegar a ser aburrida. Anímela con esta salsa cremosa.

1 persona

INGREDIENTES
1 selección de frutas frescas para mojar, como mandarinas satsuma, kiwi, uvas, fresas y *physalis* o grosellas cape
2 cucharadas de queso blando
5 cucharadas de yogur de avellana
½ cucharadita de esencia de vainilla
½ cucharadita de azúcar extrafino
2 cucharadas de avellanas, picadas

1 Primero prepare las frutas. Pele y separe en gajos las mandarinas *satsuma*. Después pele el kiwi y córtelo en cuñas. Lave las uvas y las fresas. Retire hacia atrás la cobertura del *physalis*.

2 Bata el queso blando con el yogur, la esencia de vainilla y el azúcar en un cuenco. Eche la mitad de las avellanas. Viértalo en un cuenco pequeño y espolvoree por encima el resto de las avellanas. Coloque las frutas preparadas alrededor de la salsa y sirva inmediatamente.

Derecha: Helado de yogur con coulís de fruta de la pasión(arriba); Fondue de frutas con salsa de avellanas

Helado de yogur con *coulís* de fruta de la pasión

Ideal para darse un capricho con todo el sabor del helado casero.

1 persona

INGREDIENTES
75 g/3 oz de fresas y una fruta de la pasión pequeña, por la mitad, ½ cucharadita de azúcar glacé (opcional), 1 melocotón maduro pequeño, sin el hueso y picado, 2 cucharadas de yogur helado de vainilla o fresa helado y ramitas de menta fresca, para adornar

1 Haga un puré con la mitad de las fresas. Saque con una cucharilla la pulpa de la fruta de la pasión y añádala al *coulís*. Endulce, si es necesario.

2 Eche la mitad del resto de las fresas y la mitad del melocotón picado en una vaso de helado. Vierta un cucharón de yogur helado. Añada una capa más de fruta, reservando unas pocas para decorar, y otro cucharón de yogur. Eche el *coulís* y cubra con los trozos de fruta y la menta.

Plátano con salsa de café caribeña

Este postre, que se deshace en la boca, tiene un sabor mágico por el flambeado de ron.

1 persona

INGREDIENTES
1 plátano grande
1 cucharada de mantequilla
1 cucharada de azúcar moreno oscuro blando
1 cucharada de café fuerte, preparado
1 cucharada de ron oscuro
helado de vainilla, para servir

1 Pele el plátano y córtelo por la mitad a lo largo. Derrita la mantequilla en una sartén a fuego lento. Añada el plátano y fría durante 3 min, dándole la vuelta a la mitad del tiempo de cocción.

2 Espolvoree el azúcar sobre el plátano después añada el café. Continúe cociendo, removiendo de vez en cuando, durante 2-3 min, o hasta que el plátano esté tierno.

3 Vierta el ron en la sartén y lleve a ebullición. Incline la sartén y, con una cerilla, queme el ron. Tan pronto como las llamas se apaguen, sirva inmediatamente con el helado de vainilla.

Derecha: Plátano con salsa de café caribeña (arriba); Nectarina con mascarpone al café

Nectarina con Mascarpone al café

Este sencillo postre es perfecto para las nectarinas que no están maduras del todo y que aún están un poco duras.

1 persona

INGREDIENTES
2 cucharadas de queso Mascarpone
2 cucharaditas de café preparado muy fuerte, frío
1 nectarina
1 cucharadita de mantequilla derretida.
2 cucharaditas de miel pura
una pizca de hierbas variadas, molidas
1 cucharada de nueces de Brasil en láminas

1 Bata el Mascarpone hasta ablandar y mezcle con el café. Tape con papel transparente y deje enfriar 20 min.

2 Corte la nectarina por la mitad y deshuésela. Mezcle la mantequilla, las especias y 1 cucharadita de miel. Barnice las superficies cortadas con la mantequilla.

3 Ponga la nectarina en una sartén para el grill forrada con papel de aluminio. Ase 2-3 min. Añada las nueces de Brasil a la sartén en el último minuto de cocción. Ponga una cucharada de la mezcla de queso en el centro de cada mitad de nectarina. Rocíe con la miel que ha quedado y espolvoree con las nueces de Brasil antes de servir.

Tortitas de manzana

Estas tortitas están rellenas de manzanas caramelizadas con canela.

1 persona

INGREDIENTES
½ taza de harina sin levadura
una pizca de sal
1 huevo, batido
5 cucharadas de leche
4 cucharadas de agua
1 cucharada de mantequilla, derretida
aceite de girasol, para freír
azúcar con canela o azúcar glasé y cuñas de
    limón para servir (opcional)

PARA EL RELLENO
1 ½ cucharadas de mantequilla
225 g/8 oz de manzanas, sin hueso, peladas y
    en láminas
2 cucharaditas de azúcar extrafino
¼ cucharadita de canela molida

1 Derrita la mantequilla para el relleno en una sartén de base ancha. Cuando desaparezca la espuma, añada las manzanas, el azúcar y la canela. Cueza, removiendo de vez en cuando durante 8-10 min, hasta que las manzanas estén blandas y suaves. Reserve y guarde calientes.

2 Tamice la harina y la sal en un cuenco y haga un hueco en el centro. Añada el huevo y, poco a poco, mezcle con la harina de los lados, sin dejar de remover.

3 Suavemente, añada la leche y el agua mezcladas, batiendo hasta que esté suave. Eche la harina derretida.

4 Caliente 2 cucharadas de aceite en una sartén pequeña. Vierta unos 2 cucharadas de la mezcla, inclinando la sartén para que se cubra con la mezcla uniformemente.

5 Cueza la tortita hasta que la parte de abajo esté dorada, después dé la vuelta y cueza por el otro lado. Deslice a un plato caliente, tape con papel de aluminio y ponga el plato sobre una cacerola con agua hirviendo para mantenerlo caliente. Repita con el resto de la mezcla, hasta que la acabe (ver consejo del cocinero).

6 Divida el relleno entre dos tortitas y enróllelas. Espolvoréelas con azúcar con canela o azúcar glasé, si quiere. Sirva con cuñas de limón.

CONSEJOS: Ésta es la mínima cantidad conveniente para hacer tortitas, pero habrá más de lo necesario para una persona. Cueza las tortitas hasta que use toda la mezcla y amontónelos, con papel encerado entre cada capa. Cuando esté frío, envuelva las tortitas que no haya comido en una bolsa de plástico y congélelo hasta tres meses. Se pueden usar individualmente, se descongelarán en unos momentos y se pueden rellenar o poner encima cualquier sabor o relleno dulce.

Notas

Para las recetas, las cantidades se expresan utilizando el Sistema Métrico Decimal y el Sistema Británico, aunque también pueden aparecer en tazas y cucharadas estándar. Siga uno de los sistemas, tratando de no mezclarlos, ya que no se pueden intercambiar.

Las medidas estándar de una taza y una cucharada son las siguientes:

1 cucharada = 15 ml

1 cucharadita = 5 ml

1 taza = 250 ml/8 fl oz

Utilice huevos medianos a menos que se especifique otro tamaño en la receta.

Abreviaturas empleadas:

kg = kilogramo

g = gramo

lb = libra

oz = onza

l = litro

ml = mililitro

fl oz = onza (volumen)

h = hora

min = minuto

s = segundo

Copyright © EDIMAT LIBROS, S. A.
C/ Primavera, 35
Polígono Industrial El Malvar
28500 Arganda del Rey
MADRID-ESPAÑA

Copyright © Annes Publishing Limited, London

ISBN: edición tapa dura 84-9764-023-3   -   edición rústica 84-9764-063-2
Depósito legal: edición tapa dura M-31180-2002   -   edición rústica M-31419-2002
Impreso en: COFÁS

Traducido por: Perfect Lingua (Inmaculada Aranda)

Fotografía: Karl Adamson, Edward Allwright,
James Duncan, Ian Garlick, Michelle Garrett,
Amanda Heywood, Janine Hosegood, David Jordan,
Don Last, William Lingwood, Patrick McLeavey,
Michael Michaels.

IMPRESO EN ESPAÑA – PRINTED IN SPAIN